帯・POP
作りの
スゴ技
3

読書を楽しむ

本の帯を
つくろう！

「本のPOPや帯を作ろう」編集室

理論社

帯ってどんなもの？

本の帯とは、カバーの上からぐるっと帯状に巻かれている紙のこと。
書店に並ぶ本の帯を見て、「読んでみたい！」と思ったことはありませんか？
帯は、その本を手に取るきっかけとなる、とても重要なものなのです。

帯の役割は？

帯は、その本の魅力を伝える広告の役割を果たします。
特別な情報やデザインで読者の目を引いたり、
印象的なキャッチコピーや、著名人の推薦コメントなどをつけて、
見ている人の興味をそそるように工夫します。
大切なポイントは、3つ。

❶ 目にとまるように目立たせる！
❷ 本の魅力を簡潔に伝える！
❸ 「読みたい」と思わせる！

なんで帯があるの？

表紙だけでは分からない魅力を伝えられるので、
本を選ぶ時に帯を参考にすることもできます。
また、帯だけを変えて本の印象を変えずに
新しい情報を更新できるため、書店に行く
タイミングによっては、同じ本でも
別の帯が巻かれていることがあります。

だれが作っているの？

多くの人の協力と長い時間をかけて作った自信の1冊。
出版社の人たちは、「この本を、たくさんの人に読んでほしい！」という思いから、
デザイナーとアイディアを出し合って帯の内容を考えます。

本の帯を作ろう！

自分が読んでおもしろかった本、感動した本はほかの人にもすすめたくなります。
「おうちの人や友達にも読んでほしい!」と思う本について、
その魅力が伝わる帯を作ってみましょう。

1 本の読み方について考える！

本の魅力をほかの人に伝えるためには、まず自分がその本の内容を楽しみ、
深く理解することが大切です。そのためには、こんな読み方がおすすめです。

- 先を予想したり、疑問を持ったりしながら読む。
- 知らない言葉や分からない言葉を前後の文章から考えたり、
  辞書で調べたりしながら読む。
- ゆっくり読んだり、気になる部分を読み返したり、くり返し読んだりする。

2 読みたい本を選んで読む！

本を選んでみましょう。お気に入りの本や
おすすめの本はありますか?
すぐに思い当たらない時は、
右ページのチャートで
自分に合う選び方を見つけてください。
その本を読みたいと思った理由が、
自分が紹介する時の
おすすめポイントになることもあります。

3 読んだ本を紹介し合う！

本を読んだら、感想やおすすめする理由を考えて魅力を伝え合います。
帯も本の魅力を伝える方法の1つ。
「読んでみたい」と思ってもらえる帯を作ってみましょう。

どんな本を選ぶ？

チャートで自分に合った本の選び方を見つけましょう！

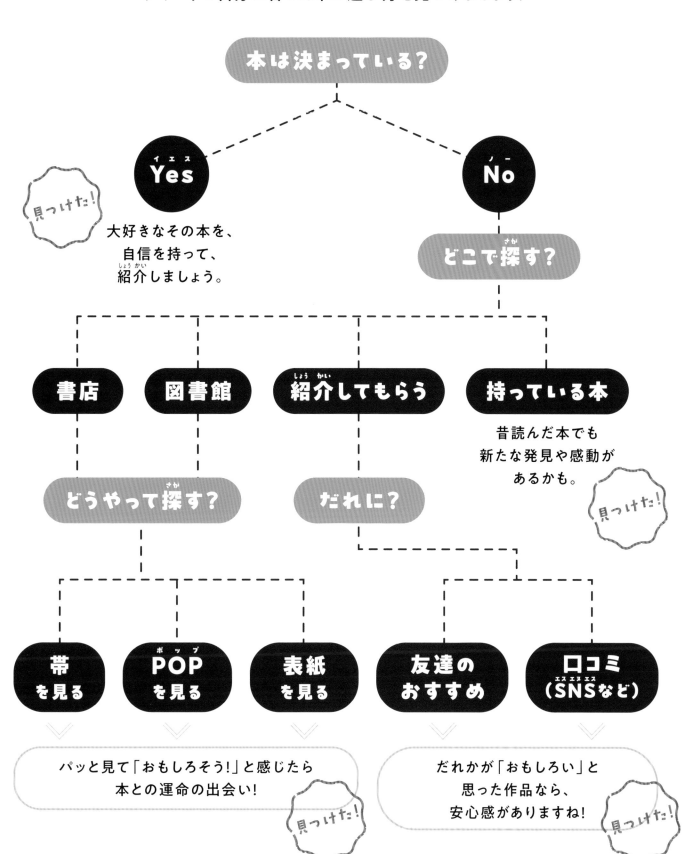

本は決まっている？

Yes（イエス）
見つけた！
大好きなその本を、自信を持って、紹介しましょう。

No（ノー）

どこで探す？

書店 **図書館** **紹介してもらう** **持っている本**
昔読んだ本でも新たな発見や感動があるかも。
見つけた！

どうやって探す？ **だれに？**

帯を見る **POP（ポップ）を見る** **表紙を見る** **友達のおすすめ** **口コミ（SNS〈エスエスエス〉など）**

パッと見て「おもしろそう！」と感じたら本との運命の出会い！
見つけた！

だれかが「おもしろい」と思った作品なら、安心感がありますね！
見つけた！

本の「つくり」は どうなっているの？

本には、「本文（読むページ）」「表紙」「カバー」「帯」などがあります。
書店では、カバーと帯がかけられた状態（じょうたい）で売られていることが多いです。
そのため、最初に目に入るのがカバーと帯の表側の面。
これが本の顔であり、どんな本なのかが分かります。

※本がたて書きか横書きかで、開き方が変わります。
　ここでは、「たて書き」「右開き」の本を例にしています。

カバー

本の上から、全体を
くるんでいるのがカバー。
本が傷つかないように
守る役割があります。

本

本文（読むページ）と表紙で構成されます。
表紙は読みはじめる側を「表紙*」、
読み終わる側を「裏表紙」、
とじている部分を「背表紙」と呼び、
本文よりも厚めの紙で作られています。

*読みはじめをあらわす
「表紙」は、区別のために
「おもて表紙」と呼ばれる
ことがあります。

図書館探偵

小松田佳代

ISBN978-4-000-00000-0
C8076 ¥1040E

9784000000000

定価（本体1040円＋税）

1928076010400

○×社

図書館探偵

小松田佳代

図書館探偵

小松田佳代

小学校司書が
今いちばん
すすめたい本No.1

30
万部突破の
図書館
ミステリー

○×社

本棚のひみつ
図書館の奥にある本棚の一番下になぞの空間が! のぞいた先には……。

第1話

図書館の花子さん
放課後にあらわれ、人目をさけて移動する金髪の少女の正体は?

第2話

消えた妹
図書館についてできたイチロの妹が、こつぜんと姿を消していました

第3話

黒猫の影
黒猫のこくまには25年前からかいるというウワサがある 長生きなのか、それとも?

第4話

本田さんって何者!?
学校中のどれも「司書の本田さん」の存在を知らない? いったいどういうこと?

第5話

帯

カバーの外側の一部分に巻かれているのが帯。
下のほうに巻かれていることが多いです。広告の役割をする帯には、
キャッチコピーや紹介文、最新情報などが書かれています。

1 どんな帯があるの？

実際に書店で売られている本の帯を紹介します。
プロのこだわりポイントに注目しましょう！

あっとおどろくアイディア帯

『叙述トリック短編集』（講談社）
似鳥鶏＝著　石黒正数＝表紙
坂野公一（welle design）＝装幀

アイディアが生まれたきっかけ

すべてのお話に読者をだますトリックがしかけられています。となると表紙にも、しかけが必要だと考えました。

裏表紙にもしかけ！

ここに注目！！

上に巻かれている帯を下に動かすと絵が変わる!?　本の中央にいる女の子が別人になっていたり……。

こんなこだわりが！

カバーと帯が1ミリでもズレていたら、せっかくの表紙が台無しに！　本に関わる人たちみんなが注意深く作業をして完成させました。

一見ふつうの帯に見えるデザインでも、さまざまな楽しいしかけがかくされている場合があります。帯を移動すると絵が変わったり、帯を取ると新たな絵が現れたり。動かすことを前提にアイディアを練るのも楽しいです。ほかにも、帯の裏側を違うデザインにしたり。自由に考えてみてください。

プロからのアドバイス

硬い本、フワフワな本、ペトペトした本。「紙の種類」や「表面のコーティング」、「使われるインク」などによって、本はさわり心地に変化が出ます。どの本もそれぞれ個性を持っていて、アイディア帯もその個性のひとつです。みなさんの身のまわりにある「感覚」にアイディアのヒントがあるはず！　（講談社・編集）

プロのイチオシ帯！

『鵼の碑』（講談社）
京極夏彦＝著
坂野公一
（welle design）＝装幀

「碑」は文字が刻まれた石のこと。石板のような本のボリュームに負けない存在感のある帯です。

2 遊べる学べる帯

『クイズとことん都道府県』(理論社)　由井薗 健=監修

こんな工夫も！

裏側は答えだけでなく、クイズがたくさんあることを伝えるために問題の数ものせています。

ここに注目!!

日本地図を使って、都道府県の問題であることがひと目で分かるようにしています。

どんな効果がある？

「47都道府県の楽しいクイズです」ということを伝えるには、実際にクイズを解いてもらうのが最適！　おもしろい選択肢の問題を選びました。

帯を見た人が遊んだり学んだりして「プチ体験」をすることで、その本に興味を持ってもらえます。「なんだろう？」や「なるほど！」と思わせるのが遊べる・学べる帯のねらい。その帯がおもしろければもっと読みたい、この本を読んでみようかなという気持ちにさせることができます。クイズのほかに、まちがい探しやあみだくじなど、楽しい帯を考えてみましょう。

プロからのアドバイス

どんな帯も本の紹介であることが大切です。なので、遊べる帯を作る時も本のよさを伝えられるといいですね。物語の中からなぞなぞを作れば、クイズやゲームの本だけでなく読み物でも楽しく遊べる帯が作れます。「読み終わると答えが分かる」というようにしてもおもしろいです。　(理論社・編集)

プロのイチオシ帯！

『なぞかけ遊園地』
(理論社)
ねづっち=著

表紙のイラストが、帯でなぞかけの問題になっているのがおもしろい！

3 表紙を生かした帯

『ぜうぜうさまの呪い』（理論社）
こわいはなし倶楽部＝作　カワズミ＝絵

ここに注目!!

なぞの妖怪の、手のような羽のような体の一部だけをカラーにして、うき立たせました。

こんな工夫も！

キャッチコピーを目立たせるために、表紙のイラストの色をかざりのわくごと黒に変えました。

どんな効果がある？

帯にも体の一部を描き入れることで、表紙に描かれたなぞの存在がこちらに迫って見えるようにし、あやしくて怖い雰囲気をねらいました。

帯は常に表紙とセットです。そのため表紙の一部をかくしてしまいますが、上手に生かせれば魅力がアップ。帯でかくれてしまう部分を書き足したり、サイズや形を表紙に合わせて変えてみましょう。表紙と帯を同じ色にして雰囲気を合わせたり、逆にまったく異なる色で目立たせるなど、色使いの工夫もおすすめ。また、本の題名を生かしたキャッチコピーを考える方法もあります。

プロからのアドバイス

本の顔である表紙には、たいてい本の内容やどういう本なのかが分かるようなイラストや写真がのっています。そのイラストや写真を帯でかくしてしまうのではなく、上手に際立たせられるような工夫をすれば、表紙と帯の相乗効果で、よりその本に興味を持ってもらうことができると思います。　（理論社・編集）

プロのイチオシ帯！

『だじゃれことわじゃ』
（理論社）
ななもりさちこ＝作
ゴトウノリユキ＝絵

帯からはみ出したカニのハサミが表紙の絵とピッタリ合うのがポイント！

4 インパクト重視の帯

アイディアが生まれたきっかけ

本にパンツをはかせたらどうなる？という作者の言葉から考えました。辞書のようにケースに入った本からヒントを得て、紙の箱を本の下からはかせてみてはどうかと思いつきました。

しろくま
の
パンツ

tupera tupera

パンツをぬがしてからおよみください

しろくまさんの パンツが なくなっちゃった！
いったい どんなパンツかな？

『しろくまのパンツ』（ブロンズ新社）　tupera tupera＝作

ここに注目！！

パンツの形になるように、箱の底の両方の角（パンツの、足が出る部分）を切りぬいて、今の帯の形になりました。

こんな苦労も……

布のパンツをはかせてみたり、クリアファイルのような質感の違う素材のパンツを作ってみたり、試行錯誤をくり返しました。

帯で重要なのは、まずはその本に注目させること！　人の目にとまるように、ほかには無いインパクトをつけて目立たせましょう。派手に盛るだけが目立たせる方法ではありません。シンプルにまとめることで、逆に目立つ場合もあります。色、形、モチーフなど、表紙とのバランスを見て、どうしたら人の目にとまり、かつおもしろさが伝わるか、アイディアを練ります。

くまのがっこう
ジャッキーのクリスマス

プロからのアドバイス

インパクトのある帯は人の目を引きます。ですが、ただ目立てばいいわけではなく、あくまで本の帯として、どのような本なのか内容やコンセプトを伝えられ、読んでみたい、おもしろそう、と読者の興味を引く力が必要です。　（ブロンズ新社・編集）

くまのがっこう
ジャッキーのクリスマス

聖なる夜の贈り物
MERRY CHRISTMAS
to you

プロの
イチオシ
帯！

『ジャッキーの
クリスマス』
（ブロンズ新社）
あだち なみ＝絵
あいはら ひろゆき＝文

クリスマスカラーを意識して白いカバーに赤い帯にしました。書店のクリスマスフェアに並んだ時にどの本よりも目立つように幅の広い大きな帯になっています。

文字が印象的な帯

5

『タカラモノ』（双葉社）　和田裕美＝著

ここに注目!!

「後悔」というインパクトのある言葉選びと、**倒置法**を使った文章がポイント。少ない言葉でも、読む人の心を一瞬でつかみ、文章の内容がスッと入ってきます。

倒置法とは？

主語や述語などの並び順を普通とは逆にして、言いたいことを強調したい時などに使う表現方法です。

例：この本はおもしろい！
　　　　↓
　　おもしろい！ この本

アイディアが生まれたきっかけ

「大好きな本なら、その想いをそのまま手書きで伝えてみようよ！」という書店員さんの言葉がきっかけです。

見た人の心をつかむために、どんな文字にするかは、帯作りの重要なポイント！　太いフチで強調させたり、かわいい、怖い、楽しい、悲しいなどの感情を表現したり。文字の色や形によって、その文章はまったく違う雰囲気になるので、さまざまな表現をすることができます。

プロのイチオシ帯！

『蔦重の教え』（双葉社）車浮代＝著

プロからのアドバイス

きれいな字が書けなくても大丈夫です！　自分の書いた字を人に見られることに緊張するのはみんないっしょだと思います。もし悩んだら、目の前にある本を、だれに読んでほしいのか、どうして読んでほしいのか、思いうかべてみてください。字の「きれいさ」よりも「作品に対する想い」の方が大切です！　　（双葉社・営業）

伝えたい情報が多いため、カバーごとおおう「全面帯」にして、文字の置き方や字体に変化をつけました！　大きなイラストにもご注目ください！

6

♪ キャッチコピーで 引きこむ帯

『カブキブ！1』（角川文庫）　榎田ユウリ=著

ここに注目‼

「カブキブ！」と「歌舞伎部」がイコールになるように、難しくないよ！と伝えられるように、言葉選びを工夫しました。

こんな工夫も！

学生の皆さんにも身近に感じてもらえるように、友達におすすめされているような雰囲気を出したく、手書き文字風にしました。

「笑わせる」「共感をよぶ」「興味をそそる」「知識がつまっている」など、キャッチコピーといっても方向性はさまざま。本のジャンルに合わせ、クスっと笑えるおもしろい言葉、「なるほど」とうならせる言葉の組み合わせ、ストレートな表現、呼びかけ口調など、ひとひねりするだけで、インパクトがアップします！

プロからのアドバイス

「これ、とってもおもしろいんだよ！」ということを、友達や家族、先生など、伝えたい人に向けてアピールするように作るといいと思います。どんな風におもしろいのか、どこを読んでもらいたいのか。小説の中の、自分が好きなセリフをぬき出したり、自分なりに小説をひとことで表したり。いろいろ作って、一番いいものを選びます。　（KADOKAWA・編集）

『妖琦庵夜話 千の波、万の波』（角川ホラー文庫）榎田ユウリ=著

長いシリーズの最終巻なので、イラストを帯にも入れて、広々とした海を表現しました。

帯作りにチャレンジ！

本の感想を書き出そう

読んで印象に残ったところを、
どんなことでもいいので、たくさん書き出しておきましょう。
おもしろかったことや感動したことだけでなく、
いやな気分になったことや難しすぎて分からなかったことなど、
マイナスのことでも、何でもいいのです。
少しでも自分の心が動いたことが重要！
自分ならではの表現で、ユニークな帯を作ることができます。

シーン

- 笑ってしまった
- 涙が出た
- 怖かった
- なるほど、と思った
- 同じような体験をした
- 予想していなくて驚いた

セリフ

- かっこよかった
- ドキッとした
- おもしろかった
- 心がジーンとした
- 難しい言葉だった
- 方言が楽しかった

登場人物

- いやなところ
- かっこいいところ
- 尊敬できるところ
- うらやましいところ
- 理解できないところ
- 自分と似ているところ

感じたこと

- はじめて知った
- 自分と違う意見だった
- だれかに教えたくなった
- 自分もまねしたいと思った
- 勇気がわいた
- 反省した

印象に残った部分を「読書メモ」に書こう！

タイトル

図書館探偵

20XX 年 XX 月 XX 日

著者	出版社
小松田佳代	○×出版

心が動いた部分、調べた言葉　など

好きなシーン

・イチロー、コースケ、ユキヤの
　3人が図書室の
　かくしとびらを探すシーン。
・黒ネコを追いかけていった
　ニコがとじこめられて
　しまったところ。

好きなセリフ

・「自分たちで探したほうが、
　答えを見つけたとき
　何倍も楽しいでしょ」
　（司書の本田さん）
・「自分が好きなものを 相手
　にも好きになってもらえたら
　うれしいじゃん」（ヤコ）

好きな登場人物

ヤコ →

童話が好きな
6年生。最初
こわい人かとおもったけど、
好きな本のことを話すときに
早口になったりするところが好き。

思ったこと

ネコのコグマのナゾが
解決したと思ったのに、
ラストでその答えが
真実かわからなくなって
ゾクッとした。

調べた言葉

[司書]…図書館などで本の整理をしたり、貸し出したりする人。

ここからフォーマットをダウンロードして使えます

2 帯作りにチャレンジ！

帯のタイプを考えよう

8〜13ページで紹介したように、帯にはいろいろな見せ方があります。
読書メモをもとに、自分が読んだ本はどういう見せ方が効果的か、
考えてタイプを選びましょう。

アイディアのヒント

1 あっとおどろく アイディア帯

- 読んだあとに見ると意味が分かる
  キャッチコピーや絵にする
- 表紙と裏表紙の絵や文をつなげる
- 帯を二重三重にしたり、
  はり絵をしたりする　　　　　　など

2 遊べる 学べる帯

- クイズ、迷路、探し絵
  などをのせる
- 写真や地図をのせる
- 本に関係する豆知識をのせる
  　　　　　　など

表紙を生かした帯

- 表紙の色と合わせる
- 帯でかくれる部分の絵を描き足す
- 透（す）ける紙を使う

など

4 インパクト重視（じゅうし）の帯

- 帯のサイズを変える
- 派手（はで）な色使いにする
- 形を工夫したり穴をあけたりする

など

5 文字が印象（いんしょう）的な帯

- 文字の色を変える
- 文字の大きさを変える
- 特徴（とくちょう）のある文字を使う

（※27ページ「文字のバリエーション」を参考）

など

キャッチコピーで引きこむ帯

- 印象（いんしょう）的なひとことを使う
- 言葉遊びをする
- 語りかけるような言葉使いをする

など

3

基本編

キャッチコピーを考えよう

キャッチコピーとは、少ない文字で商品の魅力を表す言葉や文章のこと。
日本の俳句や短歌は少ない文字数で、季節や場面、感情などを
表現しますが、それと似ています。すべてを説明するのではなく、
あえて一部分だけ説明して、読む人を「え?」と思わせるのもひとつの手。
伝えたいことを一度文章にしてみて、
それを短くリズミカルな文章に手直ししていくとよいでしょう。

ポイント 1
インパクトのある言葉で目を引く

「先が気になる!」「え、なんで?」「どういう意味?」など、感情をゆさぶられる言葉は効果的です。

- 目覚めると、
  お姫様だった!
- 最悪のラストが…!
- 少年の運命は!?
- 最後の1ページまで
  だまされ続ける
- これは、丸くて
  四角いお話です
- どうしてその箱を開けて
  しまったんだろう……

ポイント 2
本をひとことで表現すると?

おすすめポイント+本のジャンルで表わすと分かりやすいです。

- 命の大切さが分かる図鑑
- 夢が広がる
  SFファンタジー
- 背すじがこおる
  学園ホラー
- 頭が良くなるクイズ本
- 笑いが止まらない
  ダジャレ本
- コツが分かる計算ドリル
- 家族が大好きになる
  ハートフルストーリー

自分だったら読みたくなる言葉

相手に興味や関心を持たせるための短い言葉がけです。

- 読むなら今！
- ダントツ人気！
- 読み出したら止まらない！
- 衝撃のラスト！
- わたしのイチオシ！
- こんな話が読みたかった！
- だれかに今すぐ教えたい！
- 何度でも読みたくなる！
- 日本中が泣いた……

感情を表す言葉を使ってみる

心に残った場面や本を読んで感じた気持ちをストレートに伝えることができます。

- 眠れなくなるほど怖い！
- 涙なしでは読めない！
- ドキドキの展開に読む手が止まらない！
- 1行目から吹き出した！
- 読み終わったあと心がほっこり……

帯を見る人に語りかけるように

呼びかけや質問など、話しかける文章にすると、身近な人からすすめられているような気持ちになります。

- 〇〇は好きですか？
- もしも〇〇になったら、どうする？
- この本、気になる？
- とりあえず3分だけ読んでみて！
- この秘密、知りたい？

帯作りにチャレンジ！ 基本編

4 紹介文を考えよう

紹介文は、本の登場人物や簡単なあらすじを説明する文章です。
帯の限られたスペースで説明するのは、
なかなか難しいかもしれませんが、
だれかに教えてあげるようなイメージで作ってみましょう。

ポイント 1

だれに読んで もらいたい？

どういう人に読んでほしいか、具体的な相手を想像すると書きやすくなります。

- 学校がつまらないと言っていた友達に
- 本を読むのが苦手という妹に
- かつて小学生だったお父さん、お母さんに
- 自分と同じ悩みを持っている人に
- 勉強ばかりしているお兄ちゃんに
- 1年前の自分に

ポイント 2

どんな話 （あらすじ）？

ストーリーをくわしく書く必要はありません。これから読む人の楽しみは残しておきましょう。

登場人物、物語の舞台、おすすめポイントを入れると、相手がイメージしやすくなります。主人公がどんなことをしたのか、エピソードの一部を少しだけ紹介してあげるのもいいでしょう。

また、キャッチコピーの内容ともかぶらないようにします。

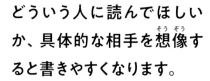

ポイント 3
気持ちや感情を伝える

どんな感情がわいたか、自分の素直な気持ちを書くと、相手が共感しやすく効果的です。

本を読んで涙を流したとしても、それが悲しい涙なのか、感動の涙なのか、せつない涙なのか、自分の気持ちを深く考えて、具体的に伝えます。

ポイント 4
短くまとめる

紹介文は、あまり長くならないようにすることがコツです。

だいたい、100文字くらいが目安。

伝えたいことはたくさんあるでしょうが、アピールポイントはしぼりましょう。

ポイント 5
ネタバレ厳禁!!

帯は、本の魅力を効果的に伝えるためのツールです。

「どんな本なんだろう」という興味をわかせ、その本を読みたいと思ってもらうことが目的です。

一番の楽しみであるナゾや秘密のオチなどは、絶対に書かないようにしましょう。

5 帯作りにチャレンジ！ 基本編

下書きをしよう

キャッチコピーや紹介文など、帯にのせる材料がそろったら、
次は、台紙を作ります。帯は本に巻きつけるもの。
選んだ本のサイズを正確に測ることが大切です。

本のサイズに合わせて台紙を作る

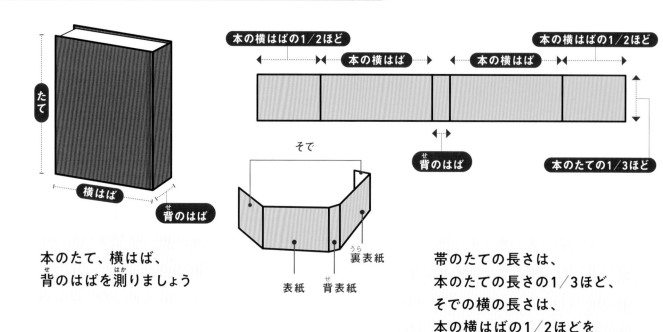

本のたて、横はば、
背のはばを測りましょう

帯のたての長さは、
本のたての長さの1／3ほど、
そでの横の長さは、
本の横はばの1／2ほどを
目安にしましょう

下書きをする

台紙にデザインを考えながら、文字やイラストを配置します。
「表紙側」「背表紙側」「裏表紙側」それぞれの場所に効果的な配置を考えます。

表紙側	背表紙側	裏表紙側
一番最初に目に入るので、インパクトのあるキャッチコピーやイラストをのせます。	棚にさして並べた時に目につく場所なので、本のジャンルやワンポイントのイラスト、ひとことを入れると興味を引けます。	本の内容を伝える紹介文を入れたり、絵で表現したりします。

ポイント
1
本の形に見える
ように上の部分を
切りとります。

紹介文
文章は短くまとめます。
文字数が多くなるので、
ほかよりも小さい文字にします。

表紙側　**背表紙側**　**裏表紙側**

この学校の図書館は
ナゾだらけ!
??? ?? ?? ?
本田さん
イラスト
※別の紙
「あたしも探偵団に入りたい」絵
by 葉っちゃん

☆本棚の一番下に
宝

【司書】図書館などで本の
整理をしたり、本の
代し出しをしたりする人。

図書館ミステリー?
※テープ

小学校の図書館のいちばん奥にある本棚の中から、
とつぜん黒ネコがあらわれたのだ!
のぞいてみると本棚の先にはもうひとつの部屋が
あるようだが、トビラはどこにもない……。

イチロー、コースケ、ユキヤの3人は
図書館を調べることに!?

テテ

※イラスト待ち

キャッチコピー
わくわくしたり、内容が
気になったりと、見た人の
興味をかきたてられるような
文章にします。

本田さん

ポイント
2
物語に出てくる言葉
「司書」についての説明。
言葉を知らない子も
帯を見れば
理解できます。

実際に本に巻いて、
サイズに間違いがないか、
最後にしっかり確認しよう!

まとめ 帯のデザインをどうするお会議メモ☆
決定 帯のデザインは本のかたちに
※本を本の形をした帯で ムリか
包む。とか ABC
※本を英語で訳した帯でつつむ？ とか
※帯を猫のコグマのカオの形に
してみる。とか
※本田さんの顔を
どこかに入れる？
こんなの コグマは黒いニャ!
本 背
本の形 背
※帯は長〜いのでR

6

帯作りにチャレンジ！

仕上げをしよう

下書きが完成したら、いよいよ仕上げです。
台紙に、カラフルな色ペンなどで完成させましょう。

1 イラストを別の紙に描く。

2 台紙にイラストを配置して
バランスを決めたら、キャッチコピー
や紹介文などの文字を書く。

24

実際に
巻いてみよう

表紙側

裏表紙側

3 線や囲みなどを書く。

4 シールやマスキングテープを貼る。

完成!!

小学校の図書館のいちばん奥にある本棚の中から、
とつぜん黒ネコがあらわれたのだ！
のぞいてみると本棚の先にはもうひとつの部屋が
あるようだが、トビラはどこにもない……。

イチロー、コースケ、ユキヤの3人は
図書館を調べることに!!

Natchan

帯作りにチャレンジ！

帯の工夫いろいろ

書く道具

筆記用具の種類はさまざま。先の太さ、形、硬さなど、それぞれの特徴を知った上で選びましょう。水性・油性でも使い方が異なるので要注意!

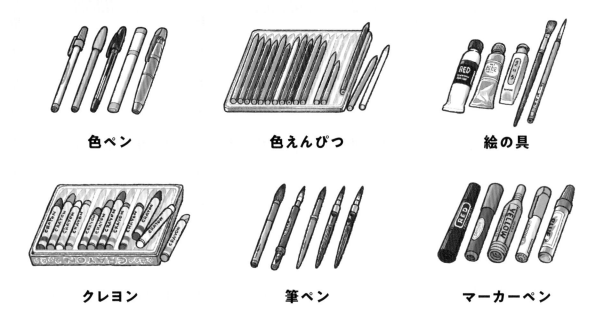

色ペン　　**色えんぴつ**　　**絵の具**

クレヨン　　**筆ペン**　　**マーカーペン**

線や囲みの種類

より注目させたい時や、文章にメリハリをつけたい時は、線や囲み、フキダシなどでかざり、バランスをとりましょう。

線　　　　　**囲み**　　　　　**フキダシ**

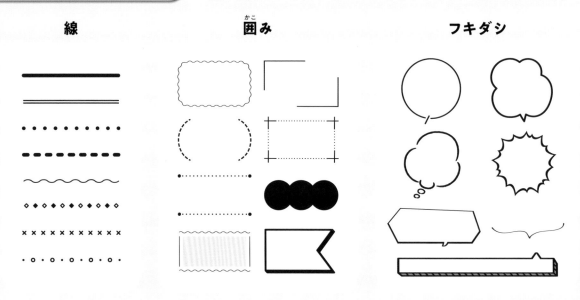

文字のバリエーション

丸みのあるかわいい文字や、おどろおどろしい文字など、文字の見た目によって、さまざまな雰囲気（ふんいき）を演出（えんしゅつ）できます。

フチをつける

影（かげ）をつける

線の強弱をつける

ゆがませる

まるみをつける

直線で書く

筆文字

一部分を絵にする

色使いのポイント

色には、それぞれが持つイメージがあります。
本の世界観やメッセージに合う色や
組み合わせを考えましょう。

 ●あつい
●からい

 ●冷たい
●さわやか

 ●元気
 ●明るい

 ●自然
●健康

 ●高級
 ●古風

 ●伝統（でんとう）
●歴史（れきし）

 ●重い
 ●硬（かた）い

 ○軽い
○清らか

 怖（こわ）い

 危険（きけん）

 青春

 恋（こい）

 魔法（まほう）

 おいしい

そのほかの工夫

ちょっとしたポイントやいろどりを加えたい時は、シール、折り紙、マスキングテープなどを使うのもおすすめです。

帯作りにチャレンジ！ 応用編

パソコンやタブレットで作ってみよう

パソコンやタブレットのアプリケーションを使って仕上げをしてみましょう。
「Keynote」や「PowerPoint」、「Googleスライド」など、
さまざまなプレゼンテーションアプリから、自分に合うものを選びましょう。
ここでは「Canva」を使って紹介します。

表紙と背表紙の色を変えると分かりやすい！

1 全体の色や素材の位置を決める

図形やフレームなどを組み合わせて、色やイラストの配置を決めましょう。フレームには写真をはめこむことができます。

2 文字を入力する

キャッチコピーや紹介文などの文字を入力しましょう。文字の種類や色、大きさによって読みやすさや印象が変わります。

実際に
巻いてみよう

表紙側

裏表紙側

3 画像を配置する

撮影した写真や、別のアプリケーションを使って描いた絵を配置します。イラストだけでなく風景や動物の写真などもOK！

4 絵を描く

「描画」で直接絵を描くこともできます。ペンの種類や色、線の太さなどを自由に変えて描いてみましょう。

完成!!

小学校の図書館のいちばん奥にある本棚の中からとつぜん黒ネコがのぞいてみると、もうひとつ部屋が扉はどこにもないースケ、ユキヤののひみつを調べる

あらわれた！本棚の先にはあるようだがイチロー、コ3人は図書館ことに!!

気をつけよう!
やってはいけないこと

帯を作る時に注意しなくてはいけないのが「著作権」です。
「著作権」というのは、文章・音楽・写真・絵など、
それを作った人以外は勝手に使ってはいけないという権利のこと。
これは著作権法という法律で決まっています。
著作権を侵害することは犯罪なのです。
インターネットでは、簡単に文章や絵を手に入れることができるので、
「著作権」にはじゅうぶん注意しましょう。

これはダメ!!

本、雑誌、新聞などの
文章や絵、写真を
勝手に使うこと。

インターネット上の
文章や絵、写真を
勝手に使うこと。

有名人だけでなく、
友達でも、**ほかの人の**
文章や絵、写真を
勝手に使うこと。

テレビやビデオから
取りこんだ画像を
使うこと。

マンガやアニメに
出てくるキャラクターを
まねして描いた絵を
許可なく使うこと。

音楽や歌の歌詞を
勝手に使うこと。

友達からの
電子メールの内容を、
友達の許可無しに、
勝手に使うこと。

NO!

「著作権」のあるものを使いたい場合

「著作権」があるものを使わせてほしい時には、必ず、作った人に使ってもよいかを
聞くようにしましょう。作った人がだれであるかをはっきりと記載すれば、
使ってもよいという返事をもらえることもあります。

帯を作る時の注意

● 本の文章をそのまま使う時は、引用していることをはっきり示す。
● 本の表紙や中のイラストをコピーして貼りつける場合は、引用していることをはっきり示す。
　（※本文の引用、イラストのコピーや模写を不可とするコンクールなどもあります。）
● 「著者名」「出版社名」などを見やすい場所に書き入れる。

学校の授業で使う時の注意

学校などで、小説、絵、音楽などの作品を利用する場合は、
一定の範囲で自由に使うことができます。帯に文章を引用したり、
コピーを貼りつけたりしたとしても、授業内で製作したり、
発表したりする分には大きな問題にはならないでしょう。
ただし、その帯をSNSやインターネット上に公開したり、
コンテストに応募したりする場合は、
法律違反になる可能性があります。
事前に出版社や権利者に確認するようにしましょう。

チャレンジ

作品をコンテストに応募してみよう!

★大阪こども「本の帯創作コンクール」

主催:大阪読書推進会、朝日新聞大阪本社

コンクール課題図書を含む児童図書を対象とした帯コンテストです。
郵送での受付で、個人・学校どちらでも応募可能です。

http://www.osaka-books.ne.jp/index.php?e=252
※その年によって、コンテストを開催するかどうかは異なります。開催の有無に関してはHPにてご確認ください。

ほかに各自治体や図書館主催の「本の帯コンクール」などもあるので、調べてみましょう。

協力

株式会社講談社
株式会社KADOKAWA
株式会社双葉社
株式会社ブロンズ新社
大阪読書推進会
朝日新聞大阪本社

読書を楽しむ 帯・POP作りのスゴ技

本の帯をつくろう！

「本のPOPや帯を作ろう」編集室

イラスト	ニイルセン
装丁・デザイン	鳴田小夜子（KOGUMA OFFICE）
写真	藤本 勉（有限会社日本写真工房）
校正	株式会社文字工房燦光
編集協力	みっとめるへん社
発行者	鈴木 博喜
編集	池田 菜採　村上 佳代
発行所	株式会社理論社 〒101-0062　東京都千代田区神田駿河台2-5 電話　営業 03-6264-8890　編集 03-6264-8891 URL https://www.rironsha.com
印刷・製本	図書印刷株式会社　上製加工本

2024年2月初版
2024年2月第1刷発行

©2024 rironsha,Printed in Japan　ISBN978-4-652-20602-7 NDC019 A4変型判 29cm 31P

落丁・乱丁本は送料小社負担にてお取り替え致します。
本書の無断複製（コピー、スキャン、デジタル化等）は著作権法の例外を除き禁じられています。
私的利用を目的とする場合でも、代行業者等の第三者に依頼してスキャンや
デジタル化することは認められておりません。

コピーして使えます。
同じものが15ページの
2次元コードから
ダウンロードできます。

読書メモ

タイトル		年　　　月　　　日
著者		出版社

心が動いた部分、調べた言葉　など